Kleine Geschichten für schöne Träume

Kleine Geschichten
für schöne Träume

Alexander Benra • Gisela Dürr

gondolino

© gondolino in der Gondrom Verlag GmbH, Bindlach 2004
Umschlagillustration: Gisela Dürr
Umschlaggestaltung: Constanze Ordnung
Satz: Sandra Leykauf

ISBN: 3-8112-2423-9

015

Der Umwelt zuliebe gedruckt auf chlorfrei gebleichtem Papier.

5 4 3 2 1

Inhaltsverzeichnis

Der Watz im Kopfkissen

G ute Nacht!" Luisas Mama gab ihr noch einen dicken Gutenachtkuss.

„Schlaf gut, mein Schatz!"

„Gute Nacht, Mama!"

Sie machte das Licht aus und schloss die Tür zum Kinderzimmer. Luisa kuschelte sich in ihre Decke und drückte ihren hellbraunen und schon ziemlich abgewetzten Teddy Timmy. Sie war sehr müde und dämmerte gerade hinüber ins Traumland.

Da! Auf einmal hörte sie ein leises Flüstern ...

„Schlaf gut, Luisa!"

„Papa?", fragte sie verwirrt und schaute zur Tür. Ihr Papa musste manchmal so lange arbeiten, dass sie schon im Bett lag, wenn er nach Hause kam. Die Tür war aber geschlossen. Luisas Herz schlug ihr bis zum Hals.

„Timmy?", flüsterte sie leise und drückte den Teddybär auf den Bauch. Sie hatte sich immer einen sprechenden Bären gewünscht.

„Doch nicht Timmy, bist du blöd. Das ist doch ein Stofftier! Hast du schon mal ein sprechendes Stofftier gesehen?"

Der Watz im Kopfkissen

Na klar, im Kaufhaus in der Spielzeugabteilung, dachte Luisa.

„Wer bist du?", fragte sie in das dunkle Zimmer hinein und riss weit ihre Augen auf.

„Such mich doch!"

Sie richtete sich auf.

„Na endlich", meinte die Stimme, „vielleicht finde ich jetzt einen Ausgang!"

In meinem Bett!, schoss es Luisa durch den Kopf. Eine Spinne! Eine sprechende Spinne! Sie holte Luft, um laut loszuschreien.

„Psssst!", machte es energisch. „Du bist doch schon ein großes Mädchen. Willst du deinen Eltern tatsächlich etwas von einer sprechenden Riesenspinne erzählen?"

Luisa machte das Licht an.

„Komm raus, und zeige dich!", befahl sie.

In ihrem Kopfkissen bewegte sich etwas.

„Himmelherrgotthöllenschweinemist ..."

„Daunenfedern", sagte Luisa, „und du sollst nicht fluchen."

„Hilf mir gefälligst!" Im Kopfkissen ächzte und stöhnte es.

Luisa wagte nicht, das Kissen anzufassen. Sie wusste ja nicht, wer sich da wo zu schaffen machte. „Vielleicht zerdrücke ich dich", wandte sie ein.

„Soooooooooo zerbrechlich bin ich nun auch nicht", schimpfte es aus dem Kopfkissen, „schließlich wohne ich hier drin schon einige Nächte, und du hast mich nicht zerdrückt!"

Vorsichtig öffnete Luisa die Knöpfe des Kopfkissenbezuges und griff mit der Hand hinein.

„Ich bin ganz hinten, bei den Federn!", ächzte es.

Luisa wusste, dass das Kopfkissen an einer Ecke etwas offen war. Sie bohrt mit dem Finger weiter und riss das Kissen ganz langsam auf. Die ersten Federn quollen hervor. Sie hatte vielleicht zwei Hände voll Federn herausgepult, da musste sie plötzlich niesen. „Haaaahaaa-haaatschie!!!!!"

Der Luftstoß hatte alle Federn aufgewirbelt. Langsam senkten sie sich wieder. Sie waren auf dem ganzen Bett und auf dem Boden verteilt.

„Hatschi!", machte es auch im Kopfkissen.

„Man wünscht da *Gesundheit*", belehrte Luisa das Ding im Kopfkissen.

„Man wünscht da *Gesundheit*", äffte das Ding sie nach.

„Nein, du hättest mir *Gesundheit* wünschen müssen." Luisa wollte kein schlechtes Benehmen in ihrem Schlafzimmer dulden.

„Nein, du hättest mir *Gesundheit* wünschen müssen", äffte das Kopfkissen zurück. Luisa stemmte die Hände in die Hüften. Langsam wurde sie ärgerlich.

„Dann mach ich das Kissen eben wieder zu!" Sie begann, die Federn in das Loch an der Ecke des Kissens zu stopfen.

„Du verstehst überhaupt keinen Spaß!"

„Halt deinen Mund!"

„Und wenn ich verspreche, ganz, ganz lieb zu sein? Ich brauche nämlich deine Hilfe."

Damit hatte das Ding im Kopfkissen Luisa auch schon für sich gewonnen. Schließlich war es gut, jemandem zu helfen, wenn er einen darum bat. „Also gut, ich helfe dir heraus!"

Sie war auch neugierig zu sehen, mit wem sie da schon die ganze Zeit sprach. Sie tastete in dem Kopfkissen herum, konnte aber zuerst nur Federn spüren. Auf einmal bemerkte sie etwas Warmes, Weiches in der Hand.

Erschrocken zog sie die Hand zurück. Aber das Ding hielt sich an ihrem Daumen fest und wurde so mit aus dem Kissen herausgezogen.

„Brrrr", schüttelte sich das Wesen in ihrer Handfläche.

Luisa kniff die Augen zusammen. Sie konnte es kaum glauben.

Auf ihrer Handfläche saß, etwa so groß wie ein Daumen, ein kleines Geschöpf und klopfte sich leise schimpfend die Federn aus den Kleidern. Schuhe hatte es keine an, sodass Luisa fünf winzige Zehen sehen konnte. Es hatte eine übergroße Nase und sehr abstehende Ohren. Die Haare auf dem Kopf waren grün und standen wirr nach allen Seiten.

Es zog ein großes, gestreiftes Taschentuch aus seiner Tasche und trompetete so laut wie die Elefanten im Tierpark. Umständlich verstaute es sein Schnupftuch wieder und blickte dann Luisa mit funkelnden schwarzen Knopfaugen an.

„Gestatten", es griff sich an den Schopf, zog einen nicht vorhandenen Hut und verbeugte sich leicht, „mein Name ist Watz. W wie Weihnachten – mein Lieblingsfest, A wie Apfelkuchen – mein Leibgericht, T wie tollkühn – meine Haupteigenschaft und Z wie Zipfelmütze – mein Lieblingskleidungsstück."

„Aber du hast doch gar keine Zipfelmütze auf!"

Luisa deutete mit ihrem Finger auf den Kopf des Männchens.

„Womit wir bei unserem Problem wären!"

Der Watz sprang von Luisas Hand und setzte sich auf den Nachttisch.

„Weißt du", begann er und baumelte mit den Beinen, „ich brauche unbedingt meine Zipfelmütze wieder."

15

„Warum ist das unser Problem, wie du eben gesagt hast?", wollte Luisa wissen.

„Na, hör mal", der Watz stemmte die Fäuste in die Hüften, „du brauchst mich", sein kleiner Zeigefinger deutete in Luisas Richtung, „und du brauchst mich mit meiner Zipfelmütze!"

„Mir gefällst du auch ohne Zipfelmütze", versuchte Luisa, ihn zu besänftigen. „Vielleicht kann ich dir ja eine neue stricken?"

„Papperlapapp! Du hast ja wirklich von nix ne Ahnung." Der Watz griff sich stöhnend an die Stirn und seufzte. „Da muss ich wohl wirklich ganz von vorne anfangen. Dass du mich im Moment überhaupt sehen kannst, liegt daran, dass ich meine Zipfelmütze nicht mehr habe. Jeder Watz hat nämlich eine Zipfelmütze, und mit der kann mich niemand, auch nicht mein Kind, sehen.

„Wieso dein Kind? Ich bin doch das Kind von Mama und Papa!"

„Natürlich bist du das! Aber jedes Kind hat auch einen Watz, und jeder Watz hat auch ein Kind, sein Kind. Und du bist eben mein Kind. Bei jedem Kind wohnt ein kleiner Watz im Kopfkissen."

„Es gibt also noch mehr von euch?"

„Genau. Nur sieht man uns normalerweise nicht, weil uns die Zipfelmütze für die Menschen unsichtbar macht. Deshalb weiß keiner von uns."

„Und was macht ihr im Kopfkissen?"

„Tagsüber schlafen wir. Dafür helfen wir den Kindern nachts beim Träumen! Ohne Watz träumt kein Kind."

„Und wenn ich mal schlecht träume, bist du daran Schuld?" Luisa dachte an die Schlangen, von denen sie in der letzten Woche geträumt hatte. „Das finde ich gar nicht gut, wenn ich wegen dir Albträume habe. Warum sollte ich dir helfen, deine Zipfelmütze wiederzufinden?"

„Das mit den Schlangen tut mir Leid." Der Watz schien tatsächlich über ihre Träume Bescheid zu wissen. „Aber ich helfe dir nur beim Träumen. Und wie du dich erinnern wirst, bist du aufgewacht, kurz bevor die Schlangen über dich rübergekrabbelt sind. Das war mein Verdienst!"

Stolz reckte der Watz seine Brust.

„Deine Zipfelmütze muss doch irgendwo in meinem Kopfkissen sein!"

Luisa bohrte mit ihrem Finger wieder im Kopfkissen herum.

„Wie sieht deine Zipfelmütze denn aus?"

Sie spähte in das Loch des Kopfkissens. Der Watz sprang ihr auf die Schulter und guckte ebenfalls in das Kopfkissen hinein.

„Da drin wirst du sie nicht finden", meinte er.

„Wo könntest du sie denn verloren haben?"

„Wenn ich wüsste, wo ich sie verloren habe, dann wüsste ich auch, wo ich sie wiederfinde!", antwortete er patzig.

„Du lebst doch in meinem Kopfkissen", versuchte Luisa, seiner Erinnerung auf die Sprünge zu helfen. „Das ist doch nicht sehr groß. Jetzt, wo wir ohnehin schon Federn herausgeholt haben, müssten wir deine Zipfelmütze doch finden."

„Ich bin ja nicht nur in deinem Kopfkissen. Ich begleite dich in deinen Träumen. Es muss in einem deiner letzten Träume gewesen sein, als ich meine Mütze verloren habe."

„Ich weiß aber oft nicht mehr, was ich geträumt habe."

„Aber ich. Und ich kann dir dabei helfen, die Träume wieder zu träumen."

„Was ist denn so schlimm daran, wenn du deine Zipfelmütze nicht

18

mehr findest. Ich habe dich doch jetzt ohnehin gesehen. Vor mir brauchst du dich nicht mehr zu verstecken."

„Na, hör mal! Möchtest du nicht auch etwas wiederfinden, was du verloren hast? Abgesehen davon, stell dir vor, wir begegnen im Traum einer deiner Freundinnen. Deren Watz sieht mich dann ohne Zipfelmütze und lacht mich aus. Das wäre auch für dich ganz schön peinlich. Ein Watz ohne Zipfelmütze ist wie Erdbeerkuchen ohne Schlagsahne. Außerdem bekommt deine Freundin dann Schluckauf, wenn ihr Watz lacht."

„Echt wahr?"

„Natürlich! Ich will nie wieder Apfelkuchen essen, wenn das gelogen ist."

„Dann lach doch mal, und wir werden schon sehen, ob ich einen Schluckauf bekomme."

Luisa hielt vorsorglich schon mal die Luft an.

„So geht das doch nicht. Ich muss dann schon richtig lachen." Der Watz kletterte auf Luisas Hand. „Kitzel mich!"

Sanft kitzelte Luisa ihn mit ihrem kleinen Finger am Bauch.

„Hihihoooohahaha!", machte der Watz. Und wenige Sekunden später bekam Luisa einen Schluckauf.

„Du brauchst deine Zipfelmütze wieder", stellte sie fest, musste aber gleichzeitig herzhaft gähnen. „Ich bin schon ziemlich müde. Können wir nicht morgen deine Mütze suchen? Ich möchte jetzt schlafen", meinte sie.

„Du sollst sogar schlafen, damit du träumst. Ich muss doch in einem deiner Träume meine Zipfelmütze wiederfinden."

Luisa machte das Licht aus und kuschelte sich in ihr Kopfkissen.

Ich glaube, ich spinne, oder ich hab geträumt, dachte sie noch.

„Nein, nein, das war schon wirklich so", flüsterte es aus dem Kopfkissen. Und schon war Luisa eingeschlafen.

Schluckauf im Kindergarten

Am nächsten Morgen wachte Luisa auf und rieb sich erstaunt die Augen.

Ich hab vielleicht etwas Verrücktes geträumt. Ich hab einen kleinen Watz, der in meinem Kopfkissen wohnt, entdeckt. Hat wirklich jedes Kind so einen Wicht in seinem Kopfkissen, den es normalerweise nicht sehen kann? Luisa saß auf ihrem Bett und grübelte.

Sie hatte aber keine Zeit mehr, noch einmal im Kopfkissen zu suchen, denn sie musste in den Kindergarten. Auf dem Weg dorthin traf sie die Zwillinge Peter und Petra.

„Hallo", rief Luisa.

„Hallo, hicks", antwortete Peter.

„Hicks, hallo", meinte Petra.

„Habt ihr euch verschluckt?", fragte Luisa, erstaunt darüber, dass beide einen Schluckauf hatten.

„Nein, das, hicks, geht schon den ganzen Morgen so. Wir, hicks, konnten kaum frühstücken", erklärte Peter.

„Wir haben auch schon versucht, hicks, die Luft anzuhalten", ergänzte Petra, „oder an zehn glatzköpfige Alte zu denken, aber, hicks, es funktioniert nicht."

„Ich probier's noch mal, hicks!", meinte Peter.

Peter schloss den Mund und hielt sich die Nase zu. Luisa konnte sehen, dass sein Kopf knallrot wurde. Aber er hickste weiter, und zwar den ganzen Morgen.

Die Zwillinge mussten schließlich ins Krankenzimmer des Kindergartens.

Gleich nach dem Mittagessen zog sich Luisa zu Hause in ihr Zimmer zurück. Sie wollte noch einmal nach dem Watz suchen. Sie bohrte ihren Finger durch das Loch im Kopfkissen. Und tatsächlich entdeckte sie den Watz. Vorsichtig zog sie ihn heraus. Also doch kein Traum, dachte sie.

„Mühüde", schmatze der nur. Behutsam legte sie ihn auf ihren Tisch. Er bekam kaum die Augen auf und kratzte sich in den grünen Haaren. „Lass mich in Ruhe …", auf allen Vieren krabbelte er zu Luisas Faulenzermäppchen und legte sich hinein. „Alle haben mich ausgelacht", schmollte er. Es klopfte.

„Du bist so still, Luisa. Bist du krank?", fragte ihre Mutter.

Luisa schüttelte den Kopf und versuchte, das Mäppchen zu schließen. Aber der Arm vom Watz war im Weg.

„Was hast du denn da? Das ist ja eine goldige Puppe!"

Schon hatte Luisas Mama das Mäppchen in der Hand. Der kleine Watz machte sich stocksteif, wie es manchmal Käfer tun, wenn sie Angst haben.

„Wo hast du die denn her?", fragte ihre Mutter.

„Ge…geschenkt bekommen."

„Du weißt doch, dass du von Fremden keine Geschenke nehmen sollst!"

Ihre Mutter hob warnend den Zeigefinger, während sie immer noch das Mäppchen mit dem Watz in der anderen Hand hielt.

Luisa war ganz zappelig. Hoffentlich merkte sie nichts. „Klar, weiß ich das, keine Süßigkeiten, keine Kaninchenbabies anschauen. Ich bin doch nicht blöd. Ich habe den Wa..., hmm, die Puppe von, ja, von Petra habe ich die."

Ihre Mutter nahm den Watz aus dem Mäppchen und drehte ihn hin und her. Schließlich gab sie Luisa den kleinen Wicht zurück. Sie musste in die Küche. Dort kochten die Kartoffeln für das Abendessen.

Kaum war sie aus dem Zimmer, regte sich der Watz wieder.

„Jetzt bin ich wach", stöhnte er, „lange hätte ich nicht mehr still halten können." Er rieb sich Arme und Beine. „Die Watze von Peter und Petra haben mich heute Nacht ausgelacht, weil ich keine Zipfelmütze habe", beschwerte er sich.

„Hatten die Zwillinge deshalb heute Schluckauf?", wollte Luisa wissen.

Der kleine Watz nickte heftig.

„Du hast von den Zwillingen geträumt, und dann treffen sich natürlich auch ihre Watze mit den anderen Watzen, die in den Träumen bei euch sind. Es wäre für mich doch auch langweilig, alleine, ohne andere Watze", erklärte er.

„Ich verstehe nicht, warum die Watze über einen Watz ohne Zipfelmütze so lachen können. So komisch siehst du gar nicht aus, eigentlich ganz normal!"

„Für einen Menschen vielleicht, für Watze sehe ich aber schon sehr komisch aus. Stelle dir einmal deine Kindergärtnerin mit einer Zipfelmütze vor. Das findest du doch auch komisch, oder?" Der Watz zog seine Stirn in Falten. „Ich weiß eigentlich gar nicht, wie ich ohne Zipfelmütze aussehe."

„Moment mal!", rief Luisa.

Sie kramte in ihrer Lieblingskiste. Dort fand sie einen Taschenspiegel, wischte mit dem Ärmel drüber und hielt ihn dem Watz vors Gesicht.

„Hihihööhaahaaa! Hihihööhaahaaa!"

Der Watz schlug sich auf die Schenkel vor Lachen, und sofort ging es bei Luisa los.

„Hicks, hicks!!" Es wollte überhaupt nicht mehr aufhören. „Ich, hicks, glaube, hicks, du brauchst, ... hicks, wirklich deine Zipfelmütze, hicks, wieder!", sagte sie stockend und nahm den Taschenspiegel wieder weg.

„Das meine ich auch", stimmte der Watz zu und konnte sich gar nicht wieder beruhigen.

Der Watz am Frühstückstisch

Nein, so einen Schluckauf will ich nicht mehr haben, dachte sich Luisa, da muss ich meinem Watz aus dem Kopfkissen wirklich helfen, seine verloren gegangene Zipfelmütze wiederzufinden.

„Wie können wir denn deine Zipfelmütze wiederfinden?", fragte sie ihn deshalb.

„Für dich ist das ganz einfach. Ich habe natürlich die Hauptarbeit damit!", machte sich der kleine Watz wichtig. „Wir müssen nur die

Träume der letzten Nächte noch einmal träumen und nach der Mütze suchen."

„Ich weiß aber gar nichts mehr von meinen Träumen", sagte Luisa traurig.

„Letzte Nacht waren wir mit den Zwillingen unterwegs. Aber da hatte ich meine Mütze schon nicht mehr", sagte der Watz bekümmert.

„Ich weiß, deshalb haben ihre Watze noch am nächsten Tag gelacht und Peter und Petra Schluckauf gehabt", stimmte ihm Luisa zu.

„Das heißt, meine Zipfelmütze muss ich vorher verloren haben. Wahrscheinlich war es in dem Traum mit dem Pony Gwendoline. Da bist du ganz schön wild geritten", vermutete der Watz.

Luisas Augen begannen zu leuchten.

„Ein Pony? Das möchte ich unbedingt noch einmal träumen! Geht das?"

„Das lässt sich bestimmt machen", war sich der Watz sicher. Er gähnte laut.

„Aber dafür muss ich heute Nacht munter sein und deshalb den Tag über schlafen. Gute Nacht, Luisa." Der Watz krabbelte in das Kopfkissen und war auch schon eingeschlafen.

Luisa ging früh ins Bett. Nun wollte sie ganz schnell einschlafen. Aber es klappte einfach nicht. Es ist aber auch ganz schön schwierig, wenn man unbedingt einschlafen will. Sie hörte noch ihre Eltern ins Bett gehen. Dann war Stille im Haus. Luisa schaute an die Decke und zählte die leuchtenden grünen Sterne, die ihr Papa angebracht hatte. Langsam wurden die Sterne schwächer und schwächer … und dann klingelte auch schon wieder der Wecker …

„Frühstücken!", rief jemand laut. Luisa sprang aus dem Bett und flitzte im Zimmer umher, um sich ihre Sachen für den Kindergarten zu suchen. Als sie in die Küche kam, saßen ihre Eltern schon am Frühstückstisch, und Luisa erstarrte vor Schreck. Auf dem

Der Watz am Frühstückstisch

Tisch saß der Watz! Zwischen seine Beine hatte er einen Eierbecher geklemmt und schaufelte mit einem winzig kleinen Löffelchen Haferflocken mit Milch. Luisa wusste sich nicht anders zu helfen, nahm ihre Tasse und stülpte sie über den Watz. Vielleicht hatten ihre Eltern ihn noch nicht bemerkt.

„Du bist sehr unhöflich zu unserem Gast", meinte Papa und hob den Becher wieder hoch.

„Möchten Sie ein wenig Tee?", fragte er den Watz, „meine Frau hat bestimmt noch einen Fingerhut, aus dem Sie trinken können."

Luisa starrte ihre Eltern an.

„Ihr kennt euch?" Ihre Eltern nickten.

Luisa war fassungslos.

„Er hat sich uns heute Morgen vorgestellt", antwortete Mama. „Ein sehr sympatischer kleiner Wicht." Sie lächelte dem kleinen Watz zu, der mit seinem Löffelchen zurückwinkte.

Luisa schlang, noch immer etwas verwirrt, das Frühstücksmüsli in sich hinein. Als sie aufsprang und nach draußen rennen wollte, hielt ihr ihre Mutter die Zuckerdose hin.

Luisa sah sie verwirrt an.

„Nimm dir ein paar Stück Würfelzucker mit, Luisa".

„Wofür?"

„Für das Pony", erklärte Mama.

Jetzt verstand Luisa und war auch schon mit einigen Stücken Zucker zur Tür hinausgerannt.

„Die kommt gleich wieder", bemerkte der Watz trocken und löffel-
te weiter seine Haferflocken. „Sie braucht schon meine Hilfe, um ihr
Pony in diesem Traum wiederzufinden", erklärte er ihren Eltern.

Schon klingelte es an der Haustür Sturm. Luisa kam zurück und
lutschte einen Würfelzucker.

„Ich weiß nicht, wo mein Pony ist", gab sie kleinlaut von sich.

„Keine Sorge, dafür hast du ja deinen Watz!" Der kleine Mann
wischte sich mit seinem Taschentuch den Mund ab.

„Jetzt können wir loslegen. Das war zwar kein Apfelkuchen, aber
trotzdem sehr gut", lobte er Luisas Mama.

„Jetzt muss ich einmal überlegen, wo Luisa das Pony hingeträumt
hat ...“

„Hingeträumt?", fragte Luisa ungläubig. „Heißt das, dass ich jetzt
gerade träume?"

„Natürlich!" Ihre Eltern lachten. „Das müsste dir doch aufgefallen
sein. In der richtigen Welt hättest du doch nicht vergessen, dass du
ein Pony hast und wo es ist. Außerdem kennst du uns wohl doch so
gut, dass uns ein Watz am Frühstückstisch vielleicht doch ein bisschen seltsam vorkommen müsste."

„Aber auch im Traum ist es gut, wenn du beim Reiten aufpasst und
ihr pünktlich wieder zurückkommt", mahnte Luisas Papa.

„Nimm mich hoch! Auf deiner Schulter kann ich besser sehen",
kommandierte der Watz und streckte Luisa die Arme entgegen. „Los

geht's!" Er wies mit dem Arm in Richtung Tür. Sie traten vor die Tür und standen unmittelbar auf einer grünen Pferdekoppel. Luisa konnte das Heu riechen.

„Als ich vorhin draußen war, war die Wiese noch nicht da", murmelte sie.

„Du brauchst eben Hilfe beim Träumen", erklärte der Watz, „die Menschen wissen oft morgens nicht mehr, was sie in der Nacht geträumt haben. Da geht es zum Stall", zeigte der Watz den Weg.

Fünf Ponys befanden sich in ihren Boxen und drehten erwartungsvoll die Köpfe, als Luisa eintrat. Es waren schöne Tiere mit wachen, intelligenten Augen. Luisa fiel gleich das zweite Pony in der Box auf. Vielleicht lag es daran, dass es ein wenig schnaubte und vor Freude hin und her trippelte.

„Ich heiße Gwendoline", stellte sich das Pony vor. Es war kastanienbraun mit einer hellbraunen zotteligen Mähne.

Luisa war nicht überrascht, dass das Pony auch noch sprechen konnte.

„Du hast aber einen langen und hässlichen Namen. Da darf man es aber nicht eilig haben. Bis man erst einmal Gweeeennndooooliiiiine gerufen hat, ist schon bald ein Tag vergangen", lästerte der Watz.

„Mir gefällt mein Name", antwortete das Pony und drehte ein wenig den Kopf, damit es den kleinen Wicht auf Luisas Schulter sehen konnte. Luisa war es peinlich, dass der kleine Mann sofort Streit anfing.

„Wie heißt du denn?", fragte das Pony.

„Watz!", antwortete der Wicht laut und deutlich.

„Gute Besserung", wünschte Gwendoline, „so ein Schnupfen kann ganz schön lästig sein."

„Und ich heiße Luisa." Luisa deutete auf ihre Schulter. „Und der da hat keinen Schnupfen, der heißt wirklich so."

„WATZ", schrie der Watz, „W wie Weihnachten – mein Lieblingsfest, A wie Apfelkuchen – mein Leibgericht , T wie tollkühn – meine Haupteigenschaft und Z wie Zipfelmütze – mein Lieblingskleidungsstück!"

„Du hast doch aber gar keine Zipfelmütze auf!", bemerkte Gwendoline sofort.

„Schschh!" Luisa legte den Finger auf die Lippen. „Daran möchte er nicht gerne erinnert werden. Deshalb sind wir hier. Wir suchen seine Zipfelmütze", flüsterte Luisa dem Pony in die flauschigen Ohren.

„Er hat sie verloren, und jetzt machen sich die anderen Watze über ihn lustig."

„Hat er deshalb schlechte Laune", fragte Gwendoline.

„Kann sein. Ich kenne ihn selbst erst seit gestern!", antwortete Luisa.

Sie sattelte das Pony.

„Wohin müssen wir?", fragte Luisa den Watz.

„Da lang", knurrte er und deutete hinaus aus dem Stall. Er war immer noch beleidigt, weil sich Gwendoline über ihn lustig gemacht hatte.

Luisa hatte bei einem Wanderzirkus schon einmal auf einem Pony gesessen. Damals war ihr das nicht geheuer gewesen, obwohl ihr Papa neben dem Tier hergegangen war. Doch jetzt fühlte sie sich auf Gwendoline ganz sicher. Der Wind sauste durch ihre Haare, und ihr Schlafanzug flatterte im Wind. Sie näherten sich einem Waldstück mit dicken Eichen. Zwischen dem Laub glitzerte es ein wenig. Eine Quelle sprudelte zwischen Sandsteinen hervor und bildete einen schmalen Bach.

„Durst", schnaubte Gwendoline und hielt an. Luisa rutschte von dem Pony herunter.

„Ob ich auch davon trinken kann?", fragte Luisa ängstlich.

„Na sicher", antwortete der Watz, „du wirst doch nicht selbst träumen, dass du schmutziges Wasser trinkst."

Stimmt ja, sie träumte. Luisa schöpfte etwas Wasser aus dem schmalen Bach und trank genüsslich das klare Quellwasser. Dann begann sie, den Watz nass zu spritzen. Der kicherte und spritzte zurück, bis alle drei erschöpft im Gras lagen und die Schäfchenwolken am Himmel zählten.

Die Zipfelmütze wird entdeckt

Auf der Suche nach der Zipfelmütze des Watz' waren Gwendoline, Luisa und der Watz an einer Quelle angekommen.

„Ich will auch trinken", sagte der Watz.

Luisa nahm ihn von der Schulter und setzte ihn auf einen Stein neben der Quelle. Der Watz beugte sich vor und streckte die Hand aus. Er schüttelte er den Kopf.

„Mit meiner Zipfelmütze könnte ich gut Wasser schöpfen, aber mit so kleinen Händen geht das nicht", meinte er traurig.

„Tut mir Leid, dass ich mich über dich lustig gemacht habe", entschuldigte sich Gwendoline, das Pony, kleinlaut.

Die Zipfelmütze wird entdeckt

„Entschuldigung angenommen", murmelte der Watz.

„Willst du aus meiner Handfläche trinken?", schlug Luisa vor. Der Watz schüttelte sich.

„Bääähh, aus einer Menschenhand trinken, so was Ekliges!"

„Du könntest einen Strohhalm nehmen", schlug Gwendoline vor. An einem ihrer Hufe hatte sich ein nämlich Strohhalm festgeklemmt.

„Das klappt bestimmt", freute sich der Watz.

„Halt mich fest", befahl er Luisa und setzte den Strohhalm an den Mund. Vorsichtig umfasste Luisa den Wicht und hielt ihn über die Quelle, sodass sein Strohhalm bis ins Wasser reichte. Der Watz trank ein paar Schlucke. Plötzlich ließ er den Strohhalm fallen und schrie:

„Da ... da! Mühütze!"

Er zappelte so sehr, dass er Luisa aus der Hand rutschte und ins Wasser fiel. Er trieb mit der Strömung ab, weil er so klein und leicht war.

Aber Gwendoline passte auf und fischte den kleinen Kerl mit ihren weichen Lippen vorsichtig aus dem Wasser.

Der Watz prustete und kaum, dass er wieder Luft zum Atmen hatte, sang er vor Freude: „Meine Mütze, meine Mütze! Ich habe meine Mütze im Wasser gesehen!" Dabei tanzte er im Kreis herum.

„Im Wasser?", fragte das Pony, hielt den Kopf schief und versuchte, etwas in den kleinen Bach zu erkennen.

Nun suchte auch Luisa den Bachgrund sorgfältig nach der Zipfelmütze ab.

„Nicht unten, oben! Ich habe das Spiegelbild im Wasser gesehen!", schrie der Watz vor Freude.

Die Zipfelmütze wird entdeckt

Gwendoline und Luisa schauten nach oben. Wirklich! In einer Ast-gabel schimmerte zwischen vielen kleinen Ästen und Moos etwas Rotes.

„Wie sollen wir denn da hinaufkommen?"

„Du könntest am Baumstamm hochklettern und an dem Ast ent-lang zu deiner Mütze laufen", schlug Luisa dem Watz vor.

Der Watz war begeistert.

„Das mach ich, schnell zum Stamm!"

Sie setzte ihn an den Baumstamm, und der kleine Wicht stieg flott nach oben, wobei er seine kleinen Füße in die Rillen der Baumrinde klemmte. Doch er war noch nicht sehr weit gekommen, als er schon wieder langsamer wurde. Einige schwarze Waldameisen versperrte ihm den Weg.

„Wie gut, dass mich meine Zipfelmütze unsichtbar macht. Da kön-nen mich die Ungeheuer nicht sehen", rief der Watz seinen beiden Freunden zu.

„Aber", begann Gwendoline, „du hast sie doch gar nicht auf dem Kopf. Die liegt noch im Baum!"

„Oje, das hatte ich ganz vergessen!"

Der Watz machte kehrt und rannte den Baumstamm herunter zurück zu Luisa, die ihn auf ihre Hand setzte. Er zitterte vor Angst am ganzen Körper.

„Die Ameise ist doch nur ganz klein und tut dir nichts", versuchte sie, ihn zu beruhigen.

„Du hast leicht reden", jammerte der kleine Watz. „Für dich ist sie klein, aber für mich ist sie so groß wie für dich ein Schäferhund!"

Das konnte Luisa verstehen.

„Erinnere ich mich richtig", grinste Gwendoline, „dass das *T* in deinem Namen für *tollkühn* steht, deine Haupteigenschaft?"

Der Watz drehte Gwendoline beleidigt den Rücken zu.

„Wahrscheinlich nur, wenn deine Mütze dich unsichtbar macht", neckte ihn Gwendoline weiter.

Luisa gab ihr einen kleine Stoß mit dem Ellenbogen. „Hör doch auf, ihn zu ärgern", bat sie das Pony.

„Ich bin zu klein, um an die Mütze zu kommen. Nicht einmal mein Papa könnte bis in diese Höhe greifen", erklärte Luisa. Sie setzte sich auf einen Sandstein und dachte nach.

„Du kannst doch träumen, dass wir hinauffliegen. In Träumen kann man auch fliegen", sagte der Watz ganz aufgeregt.

„Versuchen kann ich es."

Luisa schloss die Augen und stellte sich vor, wie sie immer leichter wurde und langsam zu der Astgabel emporschwebte. Vorsichtig öffnete sie wieder die Augen. Sie saß immer noch auf dem Sandstein.

„Niehieehiee werde ich meine Zipfelmütze wiederbekommen", jammerte der Watz.

„Träume kann man nicht erzwingen", tröstete Gwendoline, „ich habe aber eine andere Idee. Wenn Luisa sich auf meinen Rücken stellt, könnte sie an den Ast mit der Mütze herankommen."

„Du meinst, so wie die Kunstreiter im Zirkus?"

„So ähnlich. Ich versuche auch, ganz still zu stehen", sagte das Pony.

„Ja, das machen wir!" Der Watz klatschte in die Hände.

Luisa schwang sich wieder auf Gwendoline. Sie hielt sich an der Mähne fest und zog nacheinander die Beine auf den Rücken des Ponys. Langsam richtete sie sich auf. Gwendoline rührte sich nicht vom Fleck. Wenn sie sich jetzt richtig lang machte, konnte sie gerade an den Ast heranreichen.

„Nein, bitte nicht", piepste es von oben. Luisa fiel vor Schreck beinahe von Gwendoline herunter. Das Pony glich ihre hastige Bewegung aber elegant aus.

„Habe ich da eben was gehört?", fragte Luisa die beiden anderen.

„Ich habe nix gehört", log der Watz, „mach weiter, hol die Mütze!"

„Da hat doch jemand *Bitte nicht* gepiepst", meinte nun auch Gwendoline.

„Zeige dich! Wer spricht da?", fragte Luisa.

„Ich kann nicht, ich muss doch meine Kinder warmhalten", piepste es ängstlich zurück.

Luisa starrte nach oben. Sie sah ein glitzerndes Auge und einen gelben Schnabel, der über die Astgabel nach unten schaute.

„Ich habe hier mein Nest gebaut", erklärte die kleine Amsel, „und meine Küken müssten bald ausschlüpfen."

„Du hast meine Mütze gestohlen", stellte der Watz fest.

„Ich habe sie gefunden, sie hing an einem Strauch. Du musst sie verloren haben", verteidigte sich die Amsel.

„Egal, gib sie mir wieder her!", forderte er.

„Ich brauche sie aber! Oh, jetzt gehts los! Sieh dir das an. Willst du meinen Kindern wirklich einen Teil ihres warmen Nestes wegnehmen?"

„Ein Blick kann ja nicht schaden", lenkte der Watz ein. Er war von Natur aus sehr neugierig. Luisa zog einen Ast herunter und setzte den Watz auf den Rand des Nestes. Die Amsel hüpfte ein wenig zur Seite und zeigte dem kleinen Wicht drei Eier.

Die Zipfelmütze wird entdeckt

„Bei Luisa zu Hause essen sie so etwas zum Frühstück", bemerkte er ungerührt. Luisa war das sehr peinlich.

„Doch keine Eier von Amseln", versicherte sie schnell. Die Amselmama hüpfte aufgeregt hin und her.

„Es ist gleich so weit", verkündete sie.

Von ihrer Aufregung wurde auch der Watz angesteckt.

„Ich kann einen kleinen Schnabel sehen", rief er hinunter, „und jetzt einen Kopf. Der ist noch ganz nass!"

Die Amselmama schlug stolz mit den Flügeln. Der Watz krabbelte noch näher heran. Er strahlte. Die Amsel half den Küken ein wenig und warf die Eierschalen aus dem Nest.

„Jetzt will ich aber meine Mütze wieder", forderte der Watz.

Ein Küken schmiegte seinen kleinen Kopf gerade an die rote Zipfelmütze.

„Du wirst dem Küken doch nicht sein Kissen wegnehmen", piepste die Amsel.

„Bestimmt nicht!", rief Luisa von unten, ehe der Watz sich wieder unbeliebt machte.

„Ich brauche aber meine Mütze. Ohne sie werde ich von allen anderen Watzen ausgelacht, und dann bekommen die Kinder der Watze einen fürchterlichen Schluckauf", erklärte er der Amsel.

Da lag das Küken und kuschelte sich an die Zipfelmütze des Watz'. So ein kleines Küken braucht etwas Weiches zum Kuscheln. Das war allen klar.

„Wenn wir etwas anderes ins Nest hineinlegen, dann könnten wir doch die Mütze herausholen", schlug Gwendoline vor.

„Du hast wirklich gute Ideen", lobte Luisa. Sie kramte in ihrer Hosentasche.

„Ich habe ein Papiertaschentuch. Kannst du das ins Nest einbauen?", fragte sie die Amsel.

Der Vogel flatterte herbei und zupfte prüfend an dem Taschentuch herum.

„Wenn du es ein bisschen kleiner machst, kann ich damit gut mein Nest auspolstern."

Luisa zerriss das Taschentuch in Stücke und hielt es der Amsel hin. Die flog zwischen dem Nest und der Hand hin und her. Der Watz saß auf dem Rand des Nestes und beobachtete, wie geschickt die Amselmama die Stückchen des Taschentuches in das Nest einbaute. Schließlich zog die Amsel die Zipfelmütze heraus und gab sie dem Watz.

„Ich hab sie wieder !", rief der Watz und rannte auf dem Rand des Nestes im Kreis herum. „Keiner wird mehr über mich lachen."

„Na, dann setz sie doch auch wieder auf", freute sich auch Luisa.

Der kleine Mann nahm die Mütze in beide Hände. Dann zwängte er sie über seine wild in alle Richtung stehenden grünen Haare. Luisa fand, dass er mit der Mütze auf dem Kopf lustiger aussah als ohne, aber sie wollte ihn nicht verletzen und hielt deshalb ihren Mund. Der Watz tanzte noch immer und begann nun, Grimassen in Richtung

Die Zipfelmütze wird entdeckt

Luisa und Gwendoline zu machen. Er streckte die Zunge heraus, drehte ihnen eine lange Nase, steckte sich die Daumen in die Ohren und wedelte mit den Fingern. Luisa und Gwendoline schauten sich an. Sie wussten nicht, woher der plötzliche Eifer des kleinen Wichts kam. Die Amselmama schüttelte schließlich missbilligend den Kopf.

„Du", begann sie, „ich glaube, wir haben jetzt alle gesehen, dass du dich über deine Mütze wirklich sehr freust. Langsam könntest du dich wieder beruhigen. Ich möchte nicht, dass du meinen Kindern solche Grimassen beibringst."

Der Watz fiel vor Schreck beinahe vom Ast. „Wieso könnt ihr mich noch sehen?", keuchte er.

„Er hat mir erzählt, dass ihn die Mütze unsichtbar macht", erläuterte Luisa den anderen, „jedenfalls normalerweise."

Der kleine Mann nahm die Zipfelmütze wieder vom Kopf und setzte sich niedergeschlagen auf den Ast.

„Daran habe ich nicht gedacht", gab er kleinlaut von sich.

„Das ist kein netter Zug von dir", tadelte ihn Gwendoline.

„Wenn du meinst, wir können dich nicht sehen, machst du dich mit Grimassen über uns lustig, obwohl wir dir mit deiner Mütze geholfen haben", pflichtete Luisa dem Pony bei.

„Ist ja nicht böse gemeint", murmelte er und starrte ungläubig auf seine Mütze.

„Vielleicht hilft es, wenn wir sie zu Hause einmal richtig waschen", schlug Luisa vor.

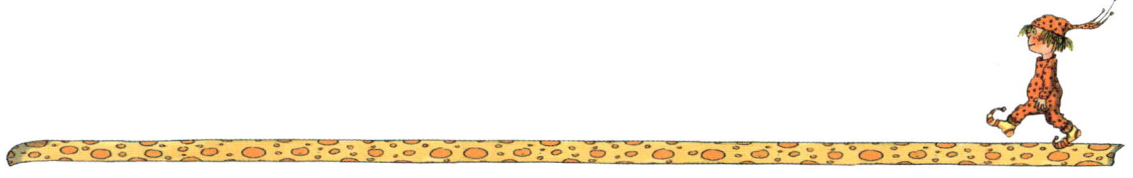

Verärgert stemmte die Amsel die Flügelenden in die Hüfte. „Was soll das heißen? In meinem Nest ist es nicht schmutzig!"

„Vielleicht ist der Zauber verloren gegangen, weil die Mütze so lange im Nest war", beruhigte Luisa sie.

„Und du wäschst sie mit einem Zauberwaschmittel, sodass sie wieder unsichtbar macht?", fragte die Amsel schnippisch. „Davon hätte ich gerne auch ein bisschen was, damit mich die Katzen nicht sehen!"

„Na ja, ich habe leider kein Zauberwaschmittel ...", antwortete Luisa. Sie streckte die Hand aus, und der Watz krabbelte brav aber unglücklich auf ihre Handfläche. Sie setzte ihn auf ihre Schulter und bat Gwendoline, wieder zurück zum Stall zu traben. Die Amselmama flog noch einige Meter neben ihnen her und versuchte, den Watz mit ihrem schönsten Gesang aufzumuntern. Vergeblich.

Luisa, Gwendoline und der Watz verabschiedeten sich von der Amselmama und ritten langsam davon.

Als die drei den Stall erreicht hatten, waren alle ziemlich traurig.

„Es muss doch einen Watz geben, dem so etwas schon einmal passiert ist. Da muss sich bestimmt etwas machen lassen. Sonst würden doch die meisten Kinder mit Schluckauf umherlaufen", überlegte Luisa. „Wir haben deine Mütze wirklich schnell gefunden. Wir werden dir bestimmt helfen können, dass sie wieder unsichtbar macht", sicherte Luisa dem Watz zu.

„Habt ihr nicht irgendeinen Häuptling oder so etwas, den wir fragen könnten?", schlug Gwendoline vor. „Wo hast du deine Mütze denn früher herbekommen? Dort gibt es vielleicht noch eine, die nicht kaputt ist?", fragte das Pony.

Der Watz wischte sich die Tränen vom Gesicht.

„Es gibt nur eine Mütze für jeden Watz und jedes Kind. Wenn die Kinder alt genug sind, dass sie die Hilfe eines Watz' nicht mehr zum Träumen brauchen, dann gibt es ein neues Kind und eine neue Mütze."

„Heißt das, du bleibst nicht für immer bei mir?"

Luisa gefiel das gar nicht. Jetzt hatte sie sich gerade an den Watz gewöhnt, auch wenn er oft ziemlich viel Unsinn machte. Und da wollte er sich schon wieder aus dem Staub machen.

„Das wird noch ein bisschen dauern. Manche Erwachsene haben immer noch ihren Watz. Du wirst mich nicht vermissen, denn ich suche mir erst ein neues Kind, wenn du mich nicht mehr brauchst", beruhigte sie der Watz.

Da kam die Amselmama plötzlich angeflogen. Sie piepste aufgeregt.

„Ja nun sag doch, was ist passiert?", forderte Luisa die Amsel auf. Der Vogel machte aber nur: „Piieeep! Piieeep!"

„Luisa, hörst du denn den Wecker nicht", rief Papa und öffnete

die Tür zum Kinderzimmer. „Du musst doch pünktlich in den Kindergarten!"

Luisa murmelte etwas von Vogelzwitschern und rollte sich aus dem Bett.

Luisa hat Schluckauf

Im Kindergarten hatten wieder die meisten Kinder Schluckauf. Eine Mütze, die nicht unsichtbar macht, finden die Watze anscheinend sehr lustig, dachte sich Luisa.

„Morgen, hicks, gehen wir, zum Doktor", sagten die Zwillinge.

„Vielleicht schaffe ich es heute Nacht, euch zu helfen", sagte Luisa und fügte zu ihrer eigenen Überraschung auch noch ein „Hicks" hinzu. Ja, und dann war es auch bei Luisa so, dass sie Schluckauf hatte. Sie konnte es gar nicht erwarten, nach Hause zu kommen. Sie musste unbedingt mit dem albernen Watz reden, der anscheinend ohne Mütze bei den anderen Watzen den Clown spielte.

„Geht es dir gut?", konnte Mama gerade noch fragen, als Luisa direkt in ihr Zimmer marschierte.

„Ja, hicks, Mama, hicks. Ich muss was in meinem Zimmer erledi-
gen", sagte Luisa geheimnisvoll.

Schon an der Tür zu ihrem Zimmer konnte Luisa sehen, dass sich
das Kopfkissen ein wenig bewegte. Sie stemmte die Hände in die
Hüften. „Komm heraus", forderte sie den Watz auf. Einen kurzen
Moment wurde es ruhig im Kopfkissen, fast so, als hoffte der Watz,
sie hätte nicht ihn, sondern einen anderen gemeint. Sie klopfte unge-
duldig auf das Kopfkissen.

„Psst", kam es aus dem Kopfkissen, „mein Kind ist da!"

Luisa erkannte die Stimme ihres Watz'. Die Ecke des Kissens öffnete sich, und der Watz kam herausgekrabbelt. Er grinste.

„Mit wem hast du denn da drin gesprochen?", forschte sie.

„Mit niemandem."

Der Watz steckte die Hände in die Hosentaschen und schaute an die Decke. Luisa war sofort klar, dass er sie anlog. Im Kissen war sogar jetzt noch ein leises Getuschel zu hören.

„Hör mal", begann Luisa, „ich habe ja nichts dagegen, dass du Kameraden mitbringst. Aber die müssen sich dann auch benehmen und nicht dauernd lachen und meine Freunde und mich mit Schluckauf plagen. Ich habe gedacht, dass du wegen deiner Mütze ausgelacht wirst, aber dann hätte ich wohl nicht auch Schluckauf!"

„Jetzt bekommt er ordentlich einen auf den Deckel", flüsterte es im Kopfkissen. Der Watz senkte verlegen den Blick auf den Boden, konnte ein Kichern aber kaum unterdrücken.

„Warum habt ihr denn so gelacht?", wollte Luisa wissen.

„Wir haben uns ein paar Menschenwitze erzählt", antwortete der Watz und bekam einen roten Kopf. Luisa ärgerte es, dass der Watz so undankbar war. Sie hatte ihm wieder zu seiner Mütze verholfen, und er quälte sie mit Schluckauf, weil sich die Watze Menschenwitze erzählten.

„Viel scheint es dir nicht auszumachen, dass dich deine Mütze nicht mehr unsichtbar macht", meinte Luisa, nachdem der Watz aufgehört hatte zu lachen und sie nicht mehr hicksen musste.

Luisa hat Schluckauf

„Ich bin so gut gelaunt, weil wir eine Idee haben, wer mir vielleicht weiterhelfen kann", versuchte der kleine Watz, sie zu besänftigen.

„Das war meine Idee", hörte Luisa es aus dem Kissen, und dann ging es gleich wieder los.

„Nein, meine Idee!"

„Ich habe es zuerst gesagt!"

„Nein, du hast nur nachgeplappert!"

„Kommt raus!", befahl Luisa. „Ich möchte sehen, mit wem ich rede."

„Du kannst uns aber nicht sehen", war die Antwort, und es wurde laut gekichert.

„WIR haben aufgepasst und unsere Mütze nicht verloren!"

Der Watz verzog das Gesicht und gab dem Kissen einen Tritt mit seinen kleinen Füßen.

„Wer kann uns denn helfen?", wandte sich Luisa an ihn.

„Es gibt da eine weise Watzfrau, die alle nur *die Alte* nennen. Die weiß so ziemlich alles, was ein Watz überhaupt nur wissen kann und manche behaupten sogar, dass sie ein bisschen in die Zukunft sehen kann."

„Wo finden wir denn die Alte?", fragte Luisa.

„Das wissen wir nicht. Ich habe sie noch nie gesehen. Keiner kann so recht sagen, wo sie sich aufhält. Sie taucht an den verschiedensten Orten in den Träumen der Menschen auf. Meine Freunde hier", er deutete auf das Kissen, „wissen jedenfalls nicht, wo sie ist. Aber die Traumfiguren der Menschen können uns vielleicht weiterhelfen."

„Ich habe doch gewusst, dass du mich brauchst", triumphierte Luisa, „aber du ärgerst mich lieber und machst mir so viel Schluckauf, dass ich sogar Bauchweh habe!"

„Willst du mir trotzdem helfen?"

Der Watz setzte sein aller-liebstes Gesicht auf. Dem konnte Luisa nun wirk-lich nicht widerstehen.

49

„Aber", Luisa hob warnend den Zeigefinger, „keine Witze mehr und vor allem keine Menschenwitze. Sonst höre ich einfach auf zu schlafen!"

Der kleine Watz nickte heftig und gab dem Kissen einen warnenden Tritt. „Das gilt natürlich auch für euch!", sagte er ernsthaft.

Die Watze im Kissen schworen ebenfalls, keine Witze mehr zu erzählen.

Ein wilder Ausritt

Luisa konnte die Zeit zum Schlafengehen kaum erwarten. Ihren Eltern kam es sehr merkwürdig vor, dass ihre Tochter auf einmal solche Freude an der Nachtruhe hatte.

Im Bett konnte Luisa dann aber nicht einschlafen. Sie zerbrach sich den Kopf, wo die weise Alte sich in ihren Träumen versteckt haben könnte. Sie stellte sich die weise Watzfrau ein bisschen wie ihren Watz vor, nur viel älter und mit weißen, zu einem Zopf gebundenen Haaren.

Der Watz hatte sich irgendwo ins Kopfkissen verzogen und wartete darauf, dass Luisa endlich einschlief.

Gwendoline knabberte sanft an Luisas Ohr.

„Da bist du ja wieder", freute sich das Pony, „mir wurde schon langweilig."

Luisa streckte sich. Sie lag auf einem Bündel Stroh. Durch die Tür fiel helles Sommerlicht in den Stall.

„Wo ist der Watz?", fragte sie.

„Hier bin ich", klang es aus der Mähne des Ponys.

„Ich dachte schon, du würdest überhaupt nicht mehr aufwachen."

„Ich hatte erst einmal Schwierigkeiten, überhaupt einzuschlafen." Sie stand auf. „Wo sollen wir anfangen zu suchen?"

„Gwendoline", erklärte der Watz, „hat sich ein wenig auf der Weide umgehört, und es heißt, dass eine weise Watzfrau hinter den blauen Hügeln im Wald lebt."

„Woher wollen die Tiere das wissen? Wenn die weise Watzfrau eine Mütze hat, dann kann sie doch keiner sehen?", wollte Luisa wissen.

„Manchmal kann man uns sehen", erklärte der Watz. „In Vollmondnächten ziehen wir manchmal unsere Mützen aus und feiern."

„Luisa, wir Tiere haben noch andere feine Sinne. Auch wenn wir einen Watz mit Zipfelmütze nicht sehen können, können wir ihn riechen. Ein Watz riecht ein bisschen wie …" Gwendoline blähte die Nüstern auf und überlegte, „… ein bisschen wie Seife!"

„Seife?", wiederholte Luisa ungläubig.

„Ja, Seife! Jedenfalls, wie frisch gewaschen."

„Es ist ziemlich weit bis zu den blauen Hügeln", drängelte der Watz. „Ich habe uns etwas zu essen besorgt."

Er schwenkte dabei einen Rucksack, der etwa die Größe eines Hühnereis hatte.

„Ich glaube kaum, dass das lange reichen wird", wagte Luisa zu bemerken.

„Für mich reicht's", meinte der Watz und schnallte sich den kleinen Rucksack um.

„Wenn ich Hunger habe, dann wache ich einfach auf und hole mir etwas aus dem Kühlschrank", überlegte sich Luisa.

„Mit dem Aufwachen geht das aber nicht immer so einfach", warf das Pony ein.

„Das ist so ähnlich, wie wenn man unbedingt einschlafen möchte. Das geht auch nicht immer einfach", ergänzte der Watz.

Wir werden sehen, dachte Luisa und schwang sich auf den Rücken des Ponys. Sie trabten langsam aus dem Stall heraus in die Sonne.

„Da lang!", wies der Watz, zwischen die Ohren des Ponys, den Weg. Sein kleines Ärmchen deutete auf den Horizont, an dem sich dunkle Wolken zusammenzogen.

„Genau, dort sind die blauen Hügel", bestätigte Gwendoline. Normalerweise hätte Luisa einen Riesenspaß daran gehabt, in vollem Galopp über die Weide zu reiten. Die dunklen Regenwolken jedoch

sahen nicht besonders einladend aus. Es war ja nicht so, dass sie Angst vor dem Regen hatte. Höchstens ein ganz klein wenig bei Gewitter. Aber sie hatte nicht die geringste Ahnung, was sie bei den blauen Hügeln erwartete. Außerdem beunruhigte es sie, dass sie vielleicht nicht aufwachen konnte, wenn es zu gruselig wurde. Deshalb wollte Luisa gemütlich traben, aber Gwendoline wurde immer schneller. Sie flogen beinahe über die Wiese den blauen Hügeln entgegen. Luisa versuchte noch, *Brrr* zu sagen, da wurde sie aus dem Sattel gehoben und stürzte. Bevor sie auf dem Boden aufschlug, schrak

sie zusammen und lag hellwach im Kinderzimmer. Ihr Herz klopfte bis zum Hals, und sie konnte es nicht fassen, dass sie sicher im Bett und nicht mit zerschmetterten Gliedern auf einem Feld lag.

Gott sei Dank, tat Luisa nichts weh. Sie konnte Arme und Beine ganz normal bewegen. Langsam dämmerte es ihr, dass sie ja nur geträumt hatte.

Warum war Gwendoline auf einmal so schnell galoppiert, dass Luisa sich nicht mehr festhalten konnte?

„Du bist vielleicht feige! Ich habe Gwendoline so viel Hafer versprochen, wie sie in ihren Bauch reinbekommt, wenn sie schnell zu den blauen Hügeln reitet."

Seine Stimme klang etwas dumpf, weil er noch im Kopfkissen steckte. Luisa machte das Licht an. Sie merkte, wie der Schreck über den Sturz vom Pony der Wut über den Watz im Kopfkissen wich.

„Das sind meine Träume, und ich bin diejenige, die entscheidet, wie schnell es darin vorangeht. Ich habe genug von den blauen Hügeln und deiner blöden weisen Watzfrau!" Sie schnappte sich ein Bilderbuch und setzte sich aufrecht ins Bett. „Wenn ich nicht schlafe, kannst du dich auch nicht einmischen!", stellte sie fest.

„Bist du nicht schrecklich müde?", fragte der Watz schmeichelnd, „du könntest doch noch ein bisschen schlafen?"

Luisa beachtete ihn nicht.

„Laaaaa, leee, luuu, nur der Mann im Mond schaut zu ...", sang der Watz leise.

Sie ließ das Buch sinken und grummelte:

„So viel Schluckauf kann ich kaum haben, dass ich dir überhaupt noch einmal helfe!"

Am nächsten Morgen fand sie ihre Mama bei eingeschalteter Lampe mit dem Buch in der Hand.

„Du verdirbst dir noch die Augen, wenn du bei dem schlechten Licht liest", tadelte sie Luisa.

Luisa rieb sich die Augen. „Hab aber trotzdem gut geschlafen", gähnte sie.

„Hast du was geträumt?", fragte ihre Mama.

„Keine Ahnung, kann mich nicht mehr daran erinnern."

Luisa trottete zur Zimmertüre. Ihre Mama öffnete das Fenster und schüttelte fest das Kissen. Plötzlich erstarrte Luisa und war hellwach.

„Nein!", schrie sie auf, „nicht ausschütteln!"

Ihre Mama schaute sie verwirrt an.

„Warum soll ich dein Kissen denn nicht ausschütteln?"

Luisa hätte nun eigentlich die Geschichte vom Watz erzählen können. Eigentlich. Aber wie sollte sie ihrer Mutter erklären, dass sie zwar das Sandmännchen für ein Märchen der Erwachsenen hielt, aber in ihrem Kopfkissen ein kleiner Watz wohnte.

„Weiß ich nicht so recht."

Luisa starrte oben links an die Decke, als müsste dort die Antwort stehen.

„Ich glaube, du bist doch noch ziemlich verschlafen", stellte ihre Mama fest und klopfte noch fester auf das Kopfkissen.

Beim Frühstück war Luisa entsprechend wortkarg. Sie schaute zum Fenster hinaus. Es begann zu regnen.

Bestimmt sitzt der Watz draußen zwischen den Rosen und wird klitschnass. Dann hat er einen Schnupfen, und ich weiß nicht, was das für mich bedeutet. Ein Lachen wird bei mir zu einem Schluckauf, und ein Schnupfen wird ...? Luisa war völlig in ihre Gedanken versunken.

Doch dann bewegte sich vor dem Fenster etwas hin und her. Die rote Farbe kannte sie doch! Und die grünen Haare! Draußen auf der

Fensterbank stand der Watz und winkte wie wild mit seiner Zipfelmütze.

Luisa verschluckte sich und bekam einen Hustenanfall.

Der verlorene Watz

Beim Frühstück entdeckte Luisa den Watz auf der Fensterbank.
Ihre Mutter hatte am Morgen das Bett aufgeschüttelt, und
dabei war der Watz aus dem Kissen gefallen.

„Kind, dir geht es anscheinend wirklich nicht gut." Luisas Mama
legte ihr besorgt die Hand auf die Stirn. „Vielleicht solltest du doch
wieder ins Bett gehen. Wir haben noch ein bisschen Zeit bis zum ..."

Sie warf Luisas Papa einen Blick zu.

Der verlorene Watz

"Du schaust schon ganz starr", stellte ihr Papa fest. Bis jetzt hatten die Eltern noch nicht bemerkt, was die Aufmerksamkeit ihrer Tochter so sehr fesselte. Luisa zwang sich, ihre Mama anzuschauen.

"Ja", gähnte sie, "ich habe heute Nacht vielleicht doch nicht gut geschlafen. Ich krieche noch einmal ins Bett."

Luisas Mama ging voran und machte das Bett zurecht.

"Sieh zu, dass es dir bis heute Nachmittag wieder besser geht".

"Warum denn?", fragte Luisa neugierig.

"Das wirst du dann schon sehen!", antwortete ihre Mama und verließ das Zimmer. Kaum hatte sie die Türe geschlossen, da sprang Luisa auf und öffnete das Fenster. Der Watz saß auf der Fensterbank des Küchenfensters und ließ die Beine baumeln.

"Komm rüber", flüsterte Luisa. Zwischen den Fensterbänken war eine vielleicht zwei Meter breite Lücke, die er irgendwie überwinden musste, wenn er wieder in Luisas Kopfkissen wollte.

"Ich komme", verkündete der Watz froh.

"Halt!", schrie Luisa verzweifelt, "du wirst doch runterfallen!"

"Hast du eine Ahnung. In eurer Welt kann ich schweben!"

Der Watz klopfte sich stolz auf die Brust. Er holte tief Luft, wie um zu einem großen Sprung anzusetzen. Er blies sich weiter auf, bis er ungefähr wie ein Tennisball mit kleinen Armen aussah. Er hüpfte

eine wenig auf und ab, als wolle er sein Gewicht prüfen und – tat-sächlich – er schwebte wie eine Seifenblase. Jetzt musste er sich nur noch ein wenig abstoßen und trieb langsam mit dem Wind zum Kinderzimmer herüber.

„Wenn du so müde bist, solltest du aber auch im Bett liegen blei-ben!", sagte Luisas Mama, die gerade ins Kinderzimmer zurückge-kommen war. Luisa beugte sich aus dem Fenster und packte den Watz, der vor Schreck die ganze eingeatmete Luft rausblies und wie-der ziemlich normal aussah. Luisas Mama stellte sich neben sie. „Hast du wieder deinen kleinen Freund dabei?"

Der Watz machte sich steif wie ein Stofftier.

„Du kannst ihn ja nachher mitnehmen." Luisas Mama nahm ihr den Watz aus der Hand.

„Wohin denn?", fragte Luisa.

„Na ja, die Vorfreude ist auch etwas Schönes, mindestens ebenso schön, wie die Überraschung selbst."

„Erzähl von der Überraschung", bettelte Luisa.

„Wir besuchen heute Nachmittag eine Zirkusvorstellung!", ant-wortete ihre Mama gedankenverloren und betrachtete dabei den klei-nen Watz in ihrer Hand. „Der ist irgendwie schmutzig. Ist der waschbar?", fragte sie. Sie zupfte an der Kleidung herum.

„Gib ihn her!", verlangte Luisa.

„Wenn er so schmutzig ist, dann passt du nicht richtig auf ihn auf. Der ist jetzt meiner", sagte ihre Mutter und nahm den Watz mit.

Der verlorene Watz

Luisa wusste natürlich, dass das nur ein Witz war und ihre Mama den kleinen Mann bestimmt wieder zurückgeben würde. Aber sie hatte ja keine Ahnung davon, dass es sich um etwas Lebendiges handelte.

Wenn ich jetzt sofort versuche, den Watz zurückzubekommen, schaut sie ihn nur noch genauer an, dachte sich Luisa. Später lässt Mama ihn dann bestimmt einfach irgendwo liegen, und er kann zurück in das Kopfkissen kriechen!

Außerdem, so überlegte sie weiter, war der Watz auch nicht nett zu mir. Immerhin hat er Gwendoline viel Hafer dafür versprochen, dass sie schnell wie der Wind galoppierte. Auch wenn das nur im Traum war, hat er mir damit einen Riesenschreck eingejagt. Da ist es nur gerecht, wenn er auch einmal ein bisschen Angst aushalten muss. Vielleicht ist ihm das jetzt eine Lehre!

Luisa war ganz aufgeregt. Ihre Eltern schoben das auf den Zirkusbesuch. Es hing aber damit zusammen, dass Luisa immer noch nicht wusste, wo ihre Mutter den Watz hingetan hatte. Die Waschmaschine lief glücklicherweise nicht. So konnte Luisa sicher sein, dass der Watz nicht darin gewaschen wurde.

Blauweiß und riesig ragte das Zirkuszelt über die umstehenden Häuser auf dem Marktplatz hinaus. Luisas Papa stellte sich in die Schlange, um Karten zu kaufen. Luisa startete einen Versuch, den Watz zurück zu bekommen.

„Kann ich den Watz jetzt wieder haben?", platzte sie heraus.

„Den Watz?", staunte ihre Mama.

Das Mädchen bekam einen roten Kopf. „Na ja, dieses Ding da, mit der Mütze."

„Das heißt Watz. Wie kommst du denn darauf?"

Jetzt hätte Luisa natürlich auch W wie Weihnachten, A wie Apfelkuchen, T wie tollkühn und Z wie Zipfelmütze buchstabieren können, wie es der Watz getan hatte. Aber das kam ihr dann doch ein bisschen albern vor. Außerdem hatte ihre Mama den Watz schon aus ihrer Handtasche genommen, und Luisa wollte ihn möglichst schnell befreien.

„Ja, so heißt er in einem Kinderbuch. Peter und Petra haben das geschenkt bekommen."

Ihr Vater kam mit den Eintrittskarten zurück und ihre Mutter gab ihr endlich den Watz. Luisa nahm ihn erleichtert entgegen und hielt ihn ans Ohr.

„Ich bin kein Ding!", flüsterte er leise, sodass die Eltern ihn nicht hören konnten.

Sie steckte ihn in ihre Jackentasche. Jetzt konnte sie sich richtig auf den Zirkus mit den Elefanten, den Löwen, den Clowns und den Seiltänzern freuen.

Ein kräftiger Mann – nur mit einem Fell bekleidet – lief majestätisch zwischen den Besuchern umher und hielt einen Gong, den er in regelmäßigen Abständen mit etwas schlug, das wie ein riesengroßer Knochen aussah. Die Zirkusvorstellung würde nun also bald beginnen.

Sie hatten gute Plätze, direkt am Rand der Arena.

Die Kapelle über dem Bühnenvorhang begann zu spielen. Ein Mann im schwarzen Frack mit Zylinder auf dem Kopf trat auf und kündigte eine Pferdedressur an. Fünf Pferde mit Federbüschen auf dem Kopf stürmten heraus und auch noch ein kleines Pony. Luisa traute ihren Augen nicht. Es war Gwendoline. Der Watz zupfte sie am Ohrläppchen. Er war aus der Jackentasche geklettert und hatte sich auf die Schulter des Mädchens gesetzt. Gwendoline rannte quer

durch die Zirkusarena direkt auf Luisa zu, die vor Überraschung Mund und Augen aufriss.

Doch das übrige Publikum schien gar nicht wahrzunehmen, was zwischen ihr und dem Pony geschah.

„Steig auf", wieherte Gwendoline, „wir müssen zu den blauen Hügeln reiten und die weise Watzfrau suchen."

„Auf geht's!", stimmte der Watz ihr zu.

Luisa gehorchte, griff mit einer Hand in die Mähne und schwang sich auf den Rücken. Gwendoline galoppierte durch den Vorhang aus der Manege.

Der verlorene Watz

Sie ritten über die Weide, und im fernen Dunst schimmerten die blauen Hügel. An einem breiten Fluss mussten die drei anhalten.

„Da vorne ist eine Brücke!", deutete Luisa nach rechts. Ein riesiger Erdhügel schien den Weg über die Brücke zu versperren. Aber als sie näher kamen, bewegte sich der Erdhügel. Entsetzt erkannte Luisa, dass sie vor einem Riesen mit einem zottigen Bart standen. Er war vielleicht so groß wie ein Haus und hatte schrecklich viele Muskeln. Der Riese schnaubte so laut, dass Gwendoline vor Schreck ein paar Schritte zurück machte und am ganzen Leib zitterte. Luisa ging es kaum besser. War ihre Reise hier auf einmal zu Ende?

Der Watz versteckte sich zwischen Luisas Haaren. In seinem Versteck war er mutig: „Mach Platz, Fleischkloß!", rief er. „Wir sind auf einer wichtigen Mission."

Der Riese ließ sich davon nicht beeindrucken. Er verschränkte die Arme vor der Brust und beugte sich herunter.

„Euch", er deutete mit seinem Zeigefinger, der etwa so dick war wie Luisas Arm, auf den Watz zwischen Luisas Haaren, „euch, werter Herr, blas ich mit einem Nasenloch weg."

Den Watz zitterte, flüsterte aber Luisa noch zu: „Mach ihn fertig!"

„Wir möchten gerne rüber!", erklärte das Pony.

„Es tut mir Leid, den werten Herrschaften mitteilen zu müssen, dass keiner über die Brücke kommt!", erklärte der Riese.

„Wozu ist dann die Brücke da?", fragte das Mädchen, „da könnte man die Brücke doch einfach abreißen, und du müsstest sie nicht bewachen."

Der Riese kratzte sich am Kopf.

„Ich muss mich entschuldigen und die werten Herrschaften darüber informieren, dass die Angaben meinerseits nicht vollständig waren", erläuterte er, „Ich bedauere es sehr, die werten Herrschaften leider darauf hinzuweisen zu müssen, dass keiner über die Brücke kommt, der nicht das Zauberwort sagt!"

„Was denn für ein Zauberwort?", wollte der Watz wissen.

„Das ist natürlich ein Geheimnis", wies Luisa ihn zurecht, „sonst wäre es ja kein Zauberwort."

„Es tut mir Leid, aber da hast du Unrecht", erklärte der Riese, „ich gehe doch davon aus, dass du dieses Wort kennst. Du bist doch bestimmt ein wohlerzogenes Mädchen."

Luisa stieg von Gwendoline und setzte sich auf einen Stein. Sie dachte nach.

Der verlorene Watz

„Wie nennt man denn das Land auf der anderen Seite der Brücke?" fragte Gwendoline neugierig. „Wir nennen es die blauen Hügel."

„Ja, manche nennen es so", brummte der Riese, „weil die Hügel aus der Ferne blau schimmern. Wir Einwohner nennen es aber das Land des guten Benehmens."

So ein Zauberwort muss etwas Kompliziertes sein, überlegte Luisa. Sie versuchte, sich an das seltsamste Wort zu erinnern, das sie je in den Nachrichten gehört hatte. Irgendetwas mit Prozenten und so schoss ihr in den Kopf. Dann hellte sich ihre Miene auf. Das war ein schwieriges Wort und damit wie geschaffen als Zauberwort. Sie stellte sich vor den Riesen und sagte langsam und deutlich: „Brottosozialprodukt."

Der Riese schüttelte den Kopf.

„Nein, gnädiges Fräulein, ich bedauere zutiefst, aber das ist nicht das Wort, das Euch den Weg über die Brücke öffnet."

„Wenn du jedes Mal so lange überlegst, bis du ein Wort ausprobierst, sitzen wir noch in einhundert Jahren hier! Wie wäre es …" Der Watz rutschte an Luisas Hosenbein herunter. Er war wieder mutiger. So stolzierte er auf und ab und suchte nach dem Zauberwort. „Wie wäre es mit: Nasenschnitzel, Kniekuchen … Ohrenschmalzentfernungsmetermaßsuppenlöfffelbesteckhalterkastenbezugsstoff …"

Der Riese schüttelte den Kopf und hielt sich die Ohren zu. „Dürfte ich dich freundlichst bitten, endlich damit aufzuhören."

„Bitten darfst du, aber machen tu ich es nicht", antwortete der Watz frech.

„Bitte, bitte", begann Gwendoline und rollte ihre hübschen braunen Ponyaugen, „gib uns doch einen Tipp, wie wir das Zauberwort herausfinden."

„Das war schon recht gut", antwortete der Riese.

„Was war schon recht gut?", fragte Luisa Gwendoline. Die zuckte mit den Achseln, was bei einem Pony ein bisschen wie ein Nicken aussieht.

„Keine Ahnung, ich hab ihn nur freundlich um Hilfe gebeten."
Luisa dämmerte etwas.

„Wie, hat er gesagt, heißt das Land auf der anderen Seite des Flusses?"

„Land des guten Benehmens", plapperte der Watz. „Pfui Teufel, wo man überall hingeraten kann. Dort ist es bestimmt suuuuuperlangweilig."

„Sei mal still", sagte Luisa.

„Gutes Benehmen ... Zauberwort ... ich glaube ich habe es!", strahlte sie.

„Das Zauberwort heißt ...", sie wandte sich dem Riesen zu und machte eine kleine Verbeugung, „das Zauberwort heißt: BITTE!"

Der Duft des Apfelkuchens

Bitte! So einfach war das Zauberwort zum Betreten der Brücke und des Landes des guten Benehmens gewesen!

Der Riese machte eine Verbeugung und wies einladend mit der Hand den Weg über die Brücke. „Willkommen im Land des guten Benehmens. Ich wünsche einen angenehmen Aufenthalt."

„Wir haben es geschafft", freute sich das Pony, als Luisa sich wieder auf seinen Rücken schwang.

„Ich habe das natürlich längst gewusst!", prahlte der Watz. „Ich wollte euch nur nicht den Spaß verderben."

So überquerten die drei den Fluss und betraten das Land des guten Benehmens. Wenige Schritte hinter der Brücke kamen sie in einen dunklen und geheimnisvollen Wald. Normaler-weise hätte sich Luisa in so einem Wald ein wenig gefürchtet. Aber sie trafen viele freundliche Tiere. Eichhörn-chen winkten ihnen zu und boten ihre Hilfe an. Leider wussten sie nicht, wo die weise Watzfrau zu finden war. Die Tiere hatten zwar schon von ihr und ihren Heilkünsten gehört, waren ihr aber noch nicht selbst begegnet.

Schließlich gelangten Luisa, Gwendoline und der Watz an eine Kreuzung. Luisa stieg vom Pony. Die drei waren ratlos, welche Richtung sie einschlagen sollten. An einem Riesen waren sie vorbei gekommen, aber wenn sie die weise Watzfrau nicht fanden, würde es sehr schwer werden, der Mütze des Watz' ihre Zauberkraft wiederzugeben.

„Jetzt sind wir schon so weit gekommen und finden einfach nicht zu ihr", seufzte Luisa.

„Bist du dir sicher, dass es die weise Watzfrau überhaupt gibt?", maulte Gwendoline, die schon lange keinen Hafer mehr gefressen hatte und dementsprechend schlecht gelaunt war. Missmutig knabberte sie an ein paar Kräutern, die zwischen den Wurzeln wuchsen.

„Immerhin reden zwar viele von ihr, aber es hat sie noch niemand gesehen", stimmte Luisa zu.

Das Pony schnaubte. „Ich habe Hunger. Hier im Wald gibt es nicht so leckeres Gras wie bei uns. Wir könnten umkehren!"

„Ich habe auch einen Riesenhunger", bekannte der Watz, „ich könnte einen Apfelkuchen verdrücken, so groß wie ein Wagenrad. Ich mach mal meinen Rucksack auf !"

Plötzlich hielt der Watz inne.

„Apfelkuchen ist sein Lieblingsgericht", erklärte Luisa.

Gwendoline trippelte hin und her.

„Was ist?", fragte Luisa.

„Ich rieche einen ..."

Der Duft des Apfelkuchens

„Du riechst was?"

„Einen Apfelkuchen!"

Der Watz hob die Nase und schnüffelte.

„Hier backt irgendwo jemand Apfelkuchen!", wiederholte Gwendoline.

„Jetzt rieche ich auch etwas", stimmte der Watz zu. „Wer könnte mitten im Wald einen Apfelkuchen backen?", fragte er. Dann aber hellte sich sein Gesicht auf. „Natürlich, wer mag besonders gerne Apfelkuchen?"

„Ein Watz!", verstand nun auch Luisa.

„Bei uns ist das praktisch ein Bestandteil unseres Namens. Hier muss irgendwo noch ein Watz sein, der gerade Apfelkuchen backt und vielleicht ist das sogar die weise Watzfrau!", erklärte der Watz aufgeregt.

Gwendoline machte einen kleinen Luftsprung vor Freude.

„Apfelkuchen könnte ich jetzt auch essen! Jedenfalls besser als die ollen Waldkräuter. Was meinst du, aus welcher Richtung der Geruch kommt?", fragte sie den kleinen Watz.

Der Watz hielt die Nase hoch und schnupperte. Er streckte das Ärmchen nach rechts. „Von da!" Er machte einige Schritte in diese Richtung. „Nein, doch nicht ... von ... da." Er ging schnell in die entgegengesetzte Richtung, wurde dann aber immer langsamer und ließ den Kopf hängen. „Ich weiß es nicht, es riecht einfach überall nach Apfelkuchen." Niedergeschlagen setzte sich der Watz auf einen

Tannenzapfen. „Vielleicht kann das Pony helfen? Tiere haben doch viel bessere Nasen!"

Gwendoline blähte ihre Nüstern und drehte den Kopf in jede Richtung. „Da lang", meinte sie schließlich und blickte nach rechts.

„Wusst ich's doch!", tönte der Watz und kletterte mit Luisa wieder auf den Rücken des Ponys.

Gwendoline lief langsam durch den Wald, denn sie musste die Richtung, aus der der Kuchenduft kam, immer wieder prüfen. Ihr Magen knurrte laut. „Wenn ich noch mehr Hunger kriege, kann ich mich nicht mehr konzentrieren", sagte Gwendoline. „Wir könnten doch umkehren und ein andermal weitersuchen", schlug sie vor.

Der Duft des Apfelkuchens

„Liebe Gwendoline", meinte Luisa, „jetzt haben wir eine Spur, denn du riechst den Apfelkuchen. Wir wissen nicht, ob morgen noch jemand Kuchen backt!"

„Vielleicht finden wir auch einfach nur einen Apfelkuchen ohne einen Watz. Da hätten wir auch bis morgen warten können. Wir wissen ja nicht einmal, wie die weise Watzfrau aussieht", maulte das Pony.

„Ist denn die weise Watzfrau genauso …", klein, wollte Luisa zunächst sagen, aber da sie sich ja im Land des guten Benehmens befanden, wollte sie den Watz nicht verletzen. Deshalb sagte sie: „… genauso groß wie du? Wir müssen doch wissen, wie groß ihre Hütte ist. Dann finden wir sie vielleicht leichter."

„Sie ist seeeeehr groooooß. Bestimmt doppelt so groß wie ich", reckte der Watz die Arme hoch.

„Also doch ziemlich klein", konnte sich Gwendoline nicht verkneifen. „Ich werde darauf achten müssen, dass sie mir nicht zwischen die Hufe gerät."

„Gwendoline!", tadelte Luisa das Pony, „wir sind im Land des guten Benehmens, und da kannst du auch versuchen, danach zu handeln und musst den Watz nicht noch ärgern, nur weil er kleiner ist als du."

„Tschuldigung", nuschelte das Pony.

Langsam setzte die Dämmerung ein, und sie konnten immer schlechter sehen.

„Wenn es dunkel wird, müssen wir aber doch aufhören zu suchen“, sagte Luisa gerade.

Da blieb Gwendoline stehen. „Hier ist es irgendwo!“, erklärte sie. „Hier muss ganz in der Nähe Apfelkuchen gebacken werden.“

Sogar Luisa merkte nun, dass es sehr lecker roch, und nachdem sie schon den ganzen Weg über nichts gegessen hatte, war sie ziemlich hungrig. Aber sie konnte nichts auf dem Boden erkennen, weder einen kleinen Backofen noch eine Hütte oder ein Häuschen. „Wohnt sie vielleicht in einem dicken Pilz?“, fragte sie den Watz und stieg vom Pony, damit sie besser auf dem Boden suchen konnte.

„Wir sind doch nicht irgendwelche primitiven Zwerge!“, schimpfte der kleine Mann. „Im Märchenland bei Schneewittchen.“

„Hätte ja sein können“, versuchte Luisa, ihn zu beschwichtigen.

„Huuuuhuuu! Sucht ihr mich?“, hörten sie eine Stimme, von der sie nicht sagen konnten, woher sie kam.

Verwirrt schauten sich die drei um. Fast wäre Luisa doch versucht gewesen, einen dicken Fliegenpilz umzudrehen und nachzuschauen, ob die Stimme nicht von dort kam.

„Oooooben bin ich! Hier oben!“, rief es wieder.

Luisa hob den Blick. Tatsächlich, in einer Astgabel, etwa mannshoch, befand sich ein kleines Holzhäuschen, so groß wie ein Schuhkarton. Aus dem kleinen Schornstein stieg Rauch auf. Da war wohl noch ein Apfelkuchen im Ofen.

„Da ist sie!"

Der Watz deutete zuerst nach oben und machte dann aber eine tiefe Verbeugung.

„Wir sehen aber niemanden", sagten Luisa und Gwendoline im Chor.

„Ach ja!", kam es von oben. „Tut mir Leid, ich habe noch meine Zipfelmütze auf. Das habe ich ganz vergessen. Da kann mich natürlich nur ein Watz sehen."

Vor dem Häuschen stand, eine Küchenschürze umgebunden, eine kleine Frau. Sie war tatsächlich ein wenig größer als Luisas Watz.

Ihre Haare waren bereits ergraut und zu einem Knoten gebunden. Mit freundlichen Augen schaute sie zu den dreien hinunter.

„Ihr kommt wegen seiner Zipfelmütze, nicht wahr?"

„Woher wissen Sie das, weise Watzfrau?" Luisa war verblüfft.

„Ich habe dir doch gesagt, dass sie alles weiß", erklärte der Watz.

„Na ja, nicht gerade alles", sprach die weise Watzfrau und wurde ein wenig rot dabei.

„Ich bin eben schon ziemlich alt und habe deshalb viel in der Menschenwelt und in der Traumwelt erlebt. Ich glaube, dass ich euch helfen kann."

Waschen, aber womit?

Endlich hatten die drei die weise Watzfrau gefunden. Und sie war gerade dabei, leckere Apfelkuchen zu backen. Genau das Richtige nach so einer langen Wanderung. Der Magen des Ponys knurrte.

„Ich brauche auch Hilfe. Ich hab solchen Hunger", maulte Gwendoline.

„Ihr könnt alle meine Apfelkuchen haben", sagte die Watzfrau.

Sie verschwand im Häuschen und kam mit fünf Kuchenblechen heraus, die aber jedes nur so groß wie ein Geldstück waren.

Waschen, aber womit?

„Für mich reicht das", freute sich Luisas Watz und kletterte an Luisas Hosenbein herauf. „Reich mich zur weisen Watzfrau hoch!", befahl er.

„Halt!", rief diese und stemmte die Hände in die Hüften.

„Luisa-Watz, hast du vergessen, wo du hier bist? Weißt du schon das Zauberwort nicht mehr?"

Der Watz erstarrte, und man konnte sehen, wie es in seinem Gehirn arbeitete.

„Luisa verschläft die ganze Zirkusvor-stellung, nur damit deine Mütze dich wieder unsichtbar macht!" Die weise Watzfrau hob den Zeigefinger.

„Ach so", der Watz korrigierte sich, „würdest du mich bitte zur weisen Watzfrau hinaufheben?" Er senkte den Kopf und streckte auf einmal die rechte Hand vor. „Und außerdem, danke schön für alles."

Luisa gab ihm den kleinen Finger, den er mit beiden Händen umgriff und heftig schüttelte.

„Wie hat sie dich genannt?", flüsterte sie ihm zu, „Luisa-Watz?"

Der Watz nickte. Wir bekommen immer den Namen unseres Kindes mit dem Zusatz *Watz*. Die Watze der Zwillinge heißen Petra-Watz und Peter-Watz."

Luisa hob den kleinen Mann hinauf zur weisen Watzfrau. Die beiden Watze umarmten sich herzlich.

„Wieso eigentlich *Zirkusvorstellung verschlafen?*", fragte Luisa ungläubig.

„Na ja, du träumst selbstverständlich. Du wirst dich daran erinnern, dass du nicht ins Bett gegangen bist sondern in den Zirkus!", erläuterte die weise Watzfrau. „Deshalb will ich euch auch nicht lange aufhalten und euch gleich mitteilen, wie man die Zipfelmütze wieder unsichtbar machen kann."

„Ach, das hat doch auch noch später Zeit", warf der Watz ein, der der weisen Watzfrau einen der Kuchen aus der Hand nahm und durch die Tür in das kleine Baumhaus trat.

„Nein!", rief Luisa. „Wenn ich aufwache, war auf alles umsonst."

„Da hat sie Recht", pflichtete ihr das Pony bei, „und wir müssen auch bald etwas essen."

„Ich habe auch Hunger!", rief der Watz aus dem Innern des Häuschens. Die weise Watzfrau stand unschlüssig vor der Türe und schaute abwechselnd zwischen Luisa, dem Pony und ihrem Häuschen hin und her. „Du hast deinen Watz nicht gut erzogen", stellte sie fest.

„Ich kenne ihn erst seit einigen Tagen", rechtfertigte sich Luisa.

„Also auch wenn der da drinnen", sie zeigte mit dem Daumen ins Häuschen, „nicht zuhört, ihr werdet es euch merken können."

Sie warf einen letzten missbilligenden Blick in Richtung des Watz' und hob dann den Zeigefinger:

Waschen, aber womit?

„Wenn eines Watzes Zipfelmütz

ist zu überhaupt nichts nütz.

Er sichtbar bleibet allezeit

und andre nur zum Lachen treibt.

Dann ärger dich nicht grün und blau,

wasch die Mütze in …"

„Luisa! Wach auf!"

Eine Hand rüttelte das Mädchen an der Schulter. „Das gibt es doch nicht", sagte Luisas Mama, „da nehmen wir sie mit in den Zirkus und sie verschläft die Vorstellung."

„Vielleicht ist sie krank?", fragte ihr Papa. „Normal ist das nicht, dass ein Kind so etwas verschläft."

Luisa rieb sich die Augen. Die Artisten standen alle in der Arena und winkten. Die Kapelle spielte einen fröhlichen Marsch, und die ersten Besucher standen auf, um das Zirkuszelt zu verlassen. Der Watz bewegte sich ein wenig in Luisas Jackentasche. Sie murmelte etwas von, *alles verdorben* und *womit bloß waschen*. Dann gähnte sie noch einmal laut. Verschlafen schaute sie in die besorgten Gesichter ihrer Eltern.

„Geht es dir gut?", fragte ihre Mama und griff ihr an die Stirn. „Fieber hat sie keines", stellte sie fest.

„Ich kann wirklich nicht verstehen, dass Luisa bei einer Zirkusvorstellung eingeschlafen ist", sagte Papa auf der Rückfahrt.

„Das stimmt", meinte Luisas Mama, „und dann hat sie sich noch geärgert, als wir sie wach gemacht haben ..."

Sie warf einen Blick nach hinten zu Luisa, die missmutig auf dem Rücksitz saß. Sie wartete auf eine Erklärung ihrer Tochter. Luisa dachte aber an ganz andere Dinge.

„Dann ärger dich nicht grün und blau, ... wasch die Mütze in ...?", hatte die weise Watzfrau gesagt.

Sie brauchte etwas, das sich auf *blau* reimte. Ihr fiel immer nur *Sau* ein. Aber dieses Wort wurde im Land des guten Benehmens bestimmt nicht verwendet. Außerdem konnte man die Mütze in einer Sau ziemlich schlecht waschen. Luisa klopfte ihrer Mama auf die Schulter. „Was reimt sich denn auf blau?", fragte sie.

Waschen, aber womit?

Wie das bei Eltern manchmal so ist, konnte Mama nicht einfach eine Antwort geben, sondern fragte selbst: „Warum willst du das wissen, Luisa?"

„Nur so", antwortete das Mädchen, „ich habe da so ein Lied im Kopf, und mir fehlt das letzte Wort!"

„Wie geht es denn?", fragte Papa, der auch weiterhelfen wollte.

Den ersten Teil des Reimes, den mit dem Watz, ließ Luisa lieber weg und reimte nur: „Es geht: Dann ärger dich nicht grün und blau, wasch die Mütze in ..."

„Komisches Lied", sagte Papa, „kenn ich gar nicht!"

„Die Kinder haben heute eben andere Lieder als in unserer Jugend", klärte ihn Mama auf.

„Habt ihr das im Kindergarten gelernt?", wollte Papa wissen.

Himmelherrgott dachte sich Luisa, können die manchmal nicht einfach nur weiterhelfen, ohne gleich alles Drumherum wissen zu wollen. Anscheinend nicht. „Ja", sagte sie einsilbig.

Die Eltern schwiegen und hingen ihren Gedanken nach. Luisa wollte aber nicht länger warten.

„Na, worin muss die Mütze nun gewaschen werden?", drängte sie noch einmal.

„Ach so", meinte Mama, „das ist doch klar. In Kakao!"

„Ja", stimmte ihr Papa zu, „dann ärger dich nicht grün und blau, wasch die Mütze in Kakao! Das passt."

„Danke!", strahlte Luisa und war auf einmal ganz vergnügt.

Jetzt musste sie nur noch eine Möglichkeit finden, die kleine Mütze des Watz' in Kakao zu waschen. Zum Glück war Sonntag, und sonntags gab es meistens Kaffee und Kuchen für die Großen und Kakao und Kuchen für Luisa.

Sie kamen an einer Konditorei vorbei.

„Kuchenhunger!", flüsterte sie leise, und sofort hielt Papa an. Die Eltern waren froh, dass Luisa Appetit hatte, denn ein wenig machten sie sich doch um sie Sorgen. Luisa durfte sich selbst ein Stück aussuchen und wählte natürlich, na was wohl, ein Stück Apfelkuchen. Sie spürte, dass der Watz in ihrer Jackentasche vor Freude einen kleinen Sprung machte.

Zu Hause saßen sie beisammen, und die Eltern erzählten ihr vom Zirkus. Von dem Clown, den Elefanten, den Löwen und den fliegenden Menschen.

Luisa tat ihnen den Gefallen und hörte scheinbar interessiert zu, obwohl sie sich den Kopf zerbrach, wie sie in Ruhe die Zipfelmütze in Kakao waschen konnte.

„Vielleicht bin ich ja doch nicht so ganz gesund. Ich glaube, ich lege mich noch einmal ins Bett", sagte Luisa und stand schnell auf – den Becher mit Kakao in der Hand.

„Warum trinkst du nicht deinen Becher aus und gehst dann?", fragte ihr Papa. „Dann machst du auch keine Flecken in deinem Zimmer." Einen Moment stand Luisa ratlos da und schlenkerte den Becher hin und her.

„Ist doch ungesund, so schnell zu trinken", fiel ihr schließlich eine Antwort ein.

„Geh schon", kam ihr ihre Mama zu Hilfe.

Erleichtert schloss Luisa die Zimmertür hinter sich. Jetzt konnte sie endlich ihren Plan verwirklichen und ihrem kleinen Watz helfen.

Dem Watz wird geholfen

Luisa hatte es sehr eilig. Es konnte nicht lange dauern, bis Mama oder Papa in ihr Zimmer kommen und nach ihr schauen würden. Sie zerrte den Watz aus ihrer Hosentasche. Er war dort eingeschlafen, denn er half kein bisschen mit.

„Warum hast du mir keinen Apfelkuchen mitgebracht?", maulte er und rieb sich die Augen.

„Schnell, deine Mütze!", forderte Luisa und zupfte schon am Kopf des kleinen Mannes herum. Der hielt sie fest.

„Nein! Ich habe sie schon einmal verloren. Jetzt gebe ich sie nicht wieder her."

„Ich will sie jetzt schnell in Kakao waschen", erklärte Luisa. Der Watz schien tatsächlich auf dem Rückweg vom Zirkus geschlafen zu haben.

„Dann ist sie doch dreckiger und nicht sauberer", widersprach er.

„Du hast die ganze Zeit geschlafen", stellte Luisa fest. „Kakao ist die Lösung! So wird deine Mütze dich wieder unsichtbar machen. Weißt du nicht mehr?

Wenn eines Watzes Zipfelmütz
ist zu überhaupt nichts nütz.
Er sichtbar bleibet allezeit
und andere nur zum Lachen treibt.

Dann ärger dich nicht grün und blau
wasch die Mütze in Kakao!

Jetzt verstand er und gab Luisa seine Mütze.

Sie tunkte die Zipfelmütze in den Kakao und rieb ein wenig darauf herum.

In dem Moment öffnete sich die Tür, und ihre Mama kam herein.

„Ich wollte deinen Becher abholen. Du hast ihn doch bestimmt leer getrunken. Er fehlt noch. Dann ist die Spülmaschine voll, und ich kann sie einschalten."

Luisa wusste nicht, wo sie die Zipfelmütze so schnell verstecken sollte. Sie hatte noch nicht einmal mehr die Zeit, den aufgesaugten Kakao aus der Mütze zu drücken.

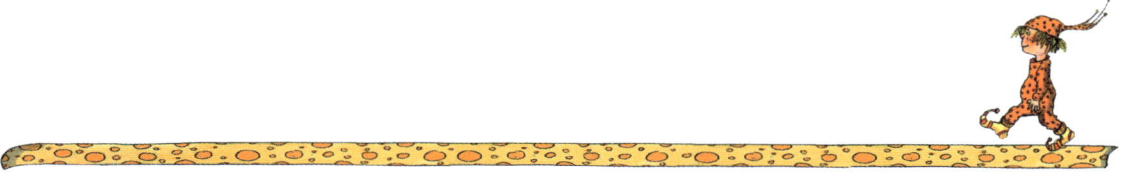

„Ich dachte, du wolltest ins Bett gehen. Geht es dir doch wieder besser?", fragte ihre Mama und kam näher.

Glücklicherweise kam der Watz Luisa zu Hilfe, riss ihr die Mütze aus der Hand und setzte sie auf. Er wurde innerhalb von Sekunden blasser und war schließlich nicht mehr zu sehen.

Nur die Kakao-Spur zeigte, dass der Watz vom Schreibtisch auf den Nachtisch und von dort ins Bett flüchtete.

Auch Luisas Mama bemerkte die Tropfenspur. „Es sieht so aus, als hättest du den Kakao zum Planschen verwendet! Du bist dir wohl nicht im Klaren, dass ich hier sauber machen muss. Wir haben keine Zwerge, die für uns die Arbeit tun, wie im Märchen!"

Luisa musste lachen. Da lag Mama wirklich falsch. Sie hatten sehr wohl einen Zwerg. Der half aber nicht bei der Hausarbeit.

Ihre Mama schüttelte den Kopf. Luisa war heute wirklich seltsam.

„Tut mir Leid, Mama. Ich hole einen Lappen, und mach das sauber", meinte sie fröhlich. „Außerdem geht es mir jetzt doch viel besser. Ich glaube, ich bin doch nicht krank!"

„Na, das ist ja die Hauptsache", meinte ihre Mama und strich ihr über den Kopf.

Als Luisa abends im Bett lag, nahm sie ihr Kopfkissen und steckte den Finger in das kleine Loch. Leise rief sie: „Watz, wo bist du?"

Dem Watz wird geholfen

„Hier natürlich", flüsterte der Watz aus dem Kissen.

„Kann ich dich noch einmal sehen?", fragte Luisa. Es bewegte sich etwas im Kopfkissen. Dann entdeckte sie die grünen Haare des Watz. Er hielt seine Zipfelmütze in der Hand.

„Wir dürfen uns eigentlich nicht unseren Kindern zeigen. Aber nachdem du mich sowieso schon einmal gesehen und mir so lieb geholfen hast, kann das ja eigentlich nicht mehr schaden", sagte der Watz.

„Wir können doch noch öfter etwas zusammen unternehmen", bat Luisa.

„Das machen wir", antwortete der Watz, „hier und im Traumland!"

„Versprochen?", fragte Luisa.

„Versprochen!", antwortete der Watz und reichte ihr feierlich seine kleine Hand.

Der Autor

Alexander Benra, geboren 1966, ist glücklich verheiratet und Vater einer Tochter. Er lebt und arbeitet in Kaiserslautern als Richter. Das Schreiben gehört seit seiner Teenagerzeit zu seinem Leben. Nach Beiträgen in Schüler- und Studentenzeitungen folgten 2001 erste Veröffentlichungen in Anthologien. Heute ist Alexander Benra ein „Allesschreiber", der sich sowohl für Kindergeschichten, das Krimigenre als auch für Essays und Satiren begeistern kann.

Die Illustratorin

Gisela Dürr studierte an der Fachhochschule in Mainz Kommunikationsdesign. Nach dem Abschluss ihres Studiums ging sie als Stipendiatin an die begehrte Schule für Gestaltung in Zürich. Mit einem feinen Gespür für die kindliche Fantasie- und Vorstellungswelt hat sie inzwischen zahlreiche Kinderbücher illustriert. Bereits zweimal war sie mit ihren Arbeiten auf der internationalen Kinderbuchausstellung in Bologna vertreten.

Noch mehr fantasievoller Vorlesespaß ...

ISBN 3-8112-2424-7

ISBN 3-8112-2425-5

Je 96 Seiten, Format: 20,0 x 26,8 cm,
durchgehend farbig illustriert

gondolino

... mit wunderschönen Geschichten

ISBN 3-8112-2198-1

ISBN 3-8112-2199-X

Je 96 Seiten, Format: 20,0 x 26,8 cm,
durchgehend farbig illustriert

gondolino

Punkt, Punkt, Komma, Strich ...

ISBN 3-8112-2323-2

64 Seiten, Format: 20,0 x 26,8 cm,
durchgehend s/w illustriert

gondolino

Basteln ist kinderleicht!

ISBN 3-8112-2345-3   ISBN 3-8112-2346-1

Je 56 Seiten, Format: 20,5 x 27,0 cm,
durchgehend farbig illustriert

gondolino